ARRÊTÉ MINISTÉRIEL

Du 3 Août 1878

CONCERNANT LES OCCUPATIONS TEMPORAIRES

DU DOMAINE PUBLIC

FLUVIAL OU TERRESTRE

SUIVI

De l'INSTRUCTION y relative, en date du 7 Septembre suivant

———◆———

PARIS

IMPRIMERIE Vᵉ ÉTHIOU-PÉROU

RUE DAMIETTE, 2 ET 4

—

1882

ARRÊTÉ MINISTÉRIEL

Du 3 Août 1878

CONCERNANT LES OCCUPATIONS TEMPORAIRES

DU DOMAINE PUBLIC

FLUVIAL OU TERRESTRE

Le Ministre des Travaux publics et le Ministre des Finances,

Vu l'article 538 du Code civil, qui range les chemins, routes et rues à la charge de l'État, les fleuves et rivières navigables ou flottables, parmi les dépendances du domaine public national ;

Vu les lois des 18-27 mai 1791 (1), 19 août-12 septembre de la même année (2) et 28 messidor an ii (3), le décret de la Convention nationale du 4 brumaire an iv (4) et l'arrêté du comité des finances de la Convention du même jour (5), qui ont chargé le service des domaines de la location des biens nationaux ;

Vu l'arrêté des consuls du 9 germinal an xii (6), les décrets des 23 décembre 1810 (7) et 25 mars 1863 (8), et la décision

---

(1) Circ. Rég. n°s 77 et 89.
(2) Circ. Rég. n° 157.
(3) 1er B. 22-104. Circ. Rég. n° 637.
(4) Circ. Rég. n° 825.
(5) Circ. Rég. n° 825.
(6) I. G. n° 254.
(7) I. G. n° 522.
(8) xi, B, 1101, 11081. I. G. n° 2249.

du ministre des finances du 26 décembre 1831 (1), qui ont distrait des attributions de l'administration des domaines et confié au service des contributions indirectes le recouvrement de certains produits domaniaux;

Vu la décision du ministre des finances du 8 juin 1874 (2), qui règle les compétences respectives du service des domaines et du service des contributions indirectes;

Vu le décret du 16 août 1853 (3), sur les travaux qui s'exécutent dans les limites de la zone frontière;

Considérant qu'il convient de régler sur des bases uniformes l'instruction des demandes en occupation temporaire sur le domaine public, fluvial et terrestre, et les décisions qu'elles comportent,

ARRÊTENT :

ARTICLE PREMIER. — Les autorisations d'occuper temporairement, sur les routes, rivières et canaux et toutes autres dépendances du domaine public, fluvial et terrestre, des emplacements qui peuvent sans inconvénients être soustraits momentanément à l'usage de tous, pour être affectés à un usage privatif ou privilégié, sont accordées par le département des travaux publics.

ART. 2. — Les redevances perçues au profit du Trésor, à raison de ces occupations temporaires, sont fixées par l'administration des finances.

ART. 3. — Toute demande d'occupation temporaire est

---

(1) I. G. n° 1389.
(2) I, G. n° 2499.
(3) xi. B. 97-816. I. G. nᵒˢ 2007 et 2238.

rédigée sur papier timbré. Elle doit indiquer l'objet et la durée de cette occupation.

Elle est adressée au préfet, qui la communique à l'ingénieur en chef des ponts et chaussées chargé du service intéressé.

Si les ingénieurs estiment que la demande peut être accueillie, ils formulent les conditions à imposer au permissionnaire, au point de vue des convenances du service qui leur est confié. Ils présentent, en outre, des propositions relativement à la redevance. Ils joignent un plan à leur rapport.

Lorsqu'il s'agit de portion du domaine public dont l'occupation temporaire est de nature à intéresser la défense du territoire, l'avis de l'administration de la guerre continue à être pris, conformément aux règlements existants.

Le directeur des douanes est également consulté, lorsqu'il y a lieu.

Les pièces sont ensuite envoyées, pour l'instruction de l'affaire, en ce qui concerne le chiffre de la redevance, la date de sa revision, les époques des payements, au besoin, l'obligation de fournir caution et toutes les autres conditions d'intérêt financier ou domanial, savoir : lorsqu'il s'agit du domaine public terrestre, au directeur des domaines, et lorsqu'il s'agit du domaine public fluvial, au directeur des contributions indirectes, lequel les fait lui-même parvenir, avec ses observations et son avis, à son collègue des domaines (Décision du ministre des finances du 8 juin 1874.)

ART. 4. — La quotité de la redevance est fixée par le directeur des domaines, lorsqu'elle ne dépasse pas 500 francs par an, par le directeur général des domaines au delà de 500 francs jusqu'à 2,000 francs, et par le ministre des finances au delà de 2,000 francs.

La redevance est revisée, au plus tard, tous les cinq ans.

ART. 5. — Les conditions financières de l'autorisation étant réglées conformément aux articles 3 et 4 ci-dessus, le directeur des domaines ou le directeur des contributions indirectes se fait remettre, par la partie, une soumission portant acceptation de ces conditions. Cette soumission est souscrite sur papier timbré par le pétitionnaire, et, le cas échéant, par la caution ; si l'un ou l'autre ne sait pas signer, il peut, à son choix, ou faire constater son engagement par le maire de son domicile, ou le faire souscrire, en son nom, par une personne solvable, se portant fort pour lui ; dans tous les cas, une copie de la soumission, certifiée par le directeur du service financier, est jointe au dossier.

ART. 6. — Si les ingénieurs estiment que, dans un intérêt public, la quotité de la redevance, telle qu'elle a été fixée, doit être diminuée, ou même que l'autorisation demandée doit être accordée gratuitement, ils présenteront à cet égard des propositions motivées.

ART. 7. — Lorsqu'il y aura accord entre les représentants de tous les services intéressés, l'occupation temporaire demandée sera autorisée par un arrêté du préfet du département.

Une ampliation de cet arrêté, portant la mention de la date de la notification à la partie, sera remise, par le préfet, au directeur des domaines ou au directeur des contributions indirectes. Cette ampliation doit être timbrée aux frais du permissionnaire. Quant à la soumission, elle doit être enregistrée, aussi à ses frais, dans le délai légal.

Une ampliation de l'arrêté sera, en outre, remise à l'ingénieur en chef du service intéressé.

ART. 8. — Lorsqu'il n'y aura pas accord entre les chefs des services intéressés, sur les conditions de l'autorisation, l'affaire sera soumise à l'administration supérieure, pour y être statué par les ministres des travaux publics et des finances, selon leur compétence respective.

En cas de dissentiment entre les ministres des travaux publics et des finances, sur la question de savoir si l'autorisation doit être gratuite ou soumise à une redevance, cette question doit être déférée au Conseil d'État, pour y être statué par un décret.

L'autorisation est ensuite accordée dans les formes tracées par l'article 7 ci-dessus.

ART. 9. — La redevance commence à courir à compter, soit de la notification de l'arrêté de concession, soit de l'occupation du terrain, si elle a eu lieu antérieurement.

ART. 10. — Lorsque le directeur des domaines ou le directeur des contributions indirectes demande que la concession soit faite aux enchères, et que les ingénieurs n'y voient pas d'inconvénient, au point de vue de leur service, il est procédé à l'adjudication, devant l'autorité compétente, en présence d'un agent des domaines ou des contributions indirectes, aux conditions déterminées par un arrêté pris ainsi qu'il a été dit à l'article 7 ci-dessus.

ART. 11. — Trois mois avant l'époque fixée par l'acte d'autorisation pour la revision du montant de la redevance, il y est procédé par les soins du service des domaines, suivant les règles de compétence tracées par l'article 4.

Cette revision est provoquée en temps utile par le directeur des contributions indirectes, pour les occupations concernant le domaine public fluvial.

Le service chargé du recouvrement notifie immédiatement
à la partie, par simple lettre, la décision prise, et, le cas échéant,
se fait remettre un nouvel engagement portant acceptation des
conditions arrêtées en dernier lieu.

ART. 12. — Les autorisations auxquelles s'applique le présent arrêté sont accordées, à titre précaire et révocable, sans
indemnité, à la première réquisition de l'administration..

Le retrait des autorisations est prononcé par le préfet, si
elles ont été accordées par ce magistrat, conformément à l'article 7, et par le ministre des travaux publics, dans les cas
prévus par l'article 8.

ART. 13. — L'autorisation peut être révoquée, soit à la
demande du directeur des domaines où du directeur des contributions indirectes, en cas d'inexécution des conditions financières, soit à la demande de l'ingénieur en chef du service
intéressé, en cas d'inexécution des autres conditions, sans
préjudice, s'il y a lieu, des poursuites pour délits de grande
voirie.

A partir du jour où la révocation a été notifiée à la partie, la
redevance cesse de courir, mais la portion de cette redevance
afférente au temps écoulé devient immédiatement exigible.

Quant au permissionnaire, il ne peut renoncer au bénéfice
de la concession avant l'époque fixée pour la revision des conditions financières.

ART. 14. — Il sera dressé, avant le 1er janvier 1879, par
les soins des ingénieurs des ponts et chaussées, un état de toutes
les permissions accordées sur le domaine public terrestre ou
fluvial, avec ou sans redevance. Cet état sera adressé au ministre
des travaux publics et transmis par ce dernier au ministre des
finances.

Après revision ou fixation de la redevance, conformément à l'article 4 ci-dessus, les détenteurs seront prévenus par l'administration des ponts et chaussées qu'ils doivent souscrire, entre les mains des agents du service financier compétent, l'engagement de payer cette redevance, qui courra à partir du 1er janvier 1879.

Dans le cas où l'engagement dont il s'agit ne serait pas souscrit, la concession de jouissance sera retirée.

ART. 15. — Il n'est rien innové par le présent arrêté, en ce qui touche les demandes de permissions d'usines ou de prises d'eau industrielles, lesquelles continueront à être instruites comme par le passé, et sans l'intervention des agents du domaine, même pour la partie de la redevance qui représente le prix de location du terrain occupé.

DIRECTION GÉNÉRALE
DE
L'ENREGISTREMENT
DES DOMAINES
ET DU TIMBRE

—

BUREAU CENTRAL

—

N° 2600

—

INSTRUCTION

Relative aux occupations, à titre précaire, du Domaine public maritime, terrestre ou fluvial, autres que celles qui ont pour objet la création ou l'exploitation d'établissements de pêche maritime.

Du 7 Septembre 1878.

Un arrêté ministériel du 15 septembre 1874, transmis par l'instruction n° 2494, a réglementé la procédure à suivre pour l'examen des demandes, relatives aux occupations temporaires du domaine public maritime, autres que celles qui ont pour objet la création ou l'exploitation d'établissements de pêche.

Il a paru utile d'apporter à ce règlement les modifications indiquées par l'expérience et d'en étendre les dispositions aux concessions de même nature faites sur tout le domaine public national, à l'exception du domaine militaire.

Les Ministres des Finances et des Travaux publics ont pris, à cet effet, le 3 août 1878, deux arrêtés qui ont pour objet; l'un, les occupations du domaine public maritime; l'autre, les occupations du domaine public terrestre ou fluvial. (Annexes n°⁸ 1 et 2).

La réglementation distincte des occupations accordées sur l'un ou l'autre domaine n'a d'autre but que de mieux spécifier les circonstances dans lesquelles l'intervention, soit du département de la marine, soit de l'administration des contributions directes, est exigée pour l'instruction des demandes.

Les deux règlements sont, d'ailleurs, conçus d'après un plan uniforme, et les dispositions corrélatives y figurent sous des numéros correspondants.

Dispositions communes. — Caractère des occupations. — Exigibilité et base de la redevance. — Exonération. — Les deux arrêtés du 3 août 1878 n'ont aucunement dérogé aux principes communs à toutes les portions du domaine public national, au point de vue du caractère des occupations, des cas où elles peuvent être exonérées de toute charge financière et des bases d'après lesquelles sont calculées les redevances auxquelles elles donnent lieu.

L'occupation sujette à la perception d'une redevance se reconnaît à son caractère privatif ou privilégié (art. 1ᵉʳ); elle confère à celui qui en est investi le droit de jouir du domaine public autrement que la généralité des citoyens, d'en occuper, de préférence à tous autres, telle ou telle portion, soit d'une manière permanente, soit seulement à certaines époques déterminées.

Toute occupation de cette nature donne lieu à la perception d'une redevance, sauf le cas où elle se rattache à un intérêt public.

Le chiffre de cette redevance doit correspondre non seulement à la valeur locative intrinsèque de l'emplacement, mais encore aux bénéfices dont la concession doit être la source.

Attributions respectives des services. — Les attributions respectives des départements des Finances et des Travaux publics restent les mêmes, les occupations continuant à être exclusivement autorisées par le service des Travaux publics, et celui des Finances demeurant seul chargé de la fixation des redevances à percevoir (art. 1er et 2).

C'est également au service financier qu'il appartient d'apprécier les considérations d'intérêt public présentées par les ingénieurs, pour motiver, dans certains cas exceptionnels, une concession gratuite (art. 6). S'il y a désaccord sur ce point entre les deux services, la décision est réservée au Conseil d'État (art. 8, § 2).

Compétence des agents locaux. — *Autorisation et retrait des concessions.* — *Fixation des conditions financières.* — Une modification essentielle a été apportée à l'ancien règlement, en ce qui concerne la compétence des autorités chargées de prononcer, tant sur les demandes et retraits d'autorisation que sur le chiffre des redevances.

A l'avenir, les autorisations seront toujours accordées par les préfets, soit immédiatement, en cas d'accord entre les différents services intéressés, soit, en cas de dissentiment, après décision de l'Administration supérieure ou du Conseil d'État (art. 7 et 8).

Le retrait provoqué par l'Ingénieur en chef, pour inexécution des conditions intéressant son service, ou par le Directeur pour inexécution des conditions financières (art. 13, § 1er), doit émaner du Ministre des Travaux publics, toutes les fois qu'à raison d'un désaccord, l'Administration supérieure a dû être consultée pendant l'instruction de la demande. Dans tous les autres cas, la révocation est prononcée par le Préfet (art. 12, § 2).

La redevance est fixée, suivant sa quotité, par le Directeur des Domaines, par le Directeur général ou par le Ministre (art. 4).

Il appartient à l'autorité chargée de fixer la redevance de déterminer si la concession doit avoir lieu à l'amiable ou aux enchères et de spécifier les autres conditions accessoires d'intérêt financier ou domanial auxquelles le concessionnaire doit être assujetti (art. 3, § 6, et art. 10).

Lorsque les Directeurs penseront que la redevance doit être portée à un chiffre excédant le taux de leur compétence, ils adresseront à l'Administration des propositions motivées, en s'expliquant sur l'opportunité d'une adjudication, sur le montant de la redevance ou de la mise à prix, sur la date à laquelle la redevance commence à courir, sur l'époque de paiement, la nécessité d'une caution et la date de la revision.

Jusqu'à ce que l'autorisation soit accordée, et même après fixation de la redevance par l'autorité compétente, les ingénieurs sont admis, aux termes de l'article 6, à faire valoir les considérations d'intérêt public qui peuvent justifier une réduction de cette redevance en faveur du concessionnaire. — Les Directeurs en référeront à l'Administration, toutes les fois que la proposition de réduction aura pour objet une redevance fixée par le Directeur général ou par le Ministre, ou une redevance fixée par eux-mêmes et dont le chiffre leur paraîtrait devoir être maintenu.

D'après le même article 6, le service des travaux publics peut aussi, soit avant, soit même après la fixation de la redevance, réclamer, dans un intérêt public, la gratuité de l'occupation. Les Directeurs soumettront dans tous les cas à l'Administration centrale, avec leurs observations, les propositions qui seraient faites dans ce sens, et ils indiqueront, notamment, la somme qui leur paraîtrait devoir être réclamée si l'occupation n'était autorisée qu'à titre onéreux.

A partir du moment où l'autorisation a été accordée et jusqu'à l'expiration du délai fixé pour la revision, l'exigibilité et le chiffre de la redevance ne peuvent plus être mis en question par les services intéressés. De son côté, le concessionnaire ne peut, sauf le cas de révocation, s'affranchir, avant cette même époque, du paiement de la redevance (art. 13, § 3).

Point de départ des redevances. — Délai de revision. — **Doré-**navant, les redevances commenceront à courir du jour de la notification de l'arrêté de concession, ou même antérieurement, quand le concessionnaire sera déjà en possession de l'emplacement.

Elles ne sont plus fixées pour une période uniforme de cinq années; cette durée ne constituera désormais qu'un maximum. Pour déterminer, dans la limite de ce maximum, l'époque de la revision, les agents tiendront compte des éventualités qui seraient de nature à modifier, dans un délai plus ou moins rapproché, les profits de l'installation projetée (art. 3, § 6, et art. 4, § 2).

Engagement du concessionnaire. — Recouvrement de la redevance. — Lorsque le chiffre de la redevance est définitivement arrêté, le Directeur invite la partie à souscrire, sur papier timbré, l'engagement d'en acquitter le montant. La soumission mentionne les termes du paiement, l'époque de revision et les autres conditions particulières d'intérêt financier ou domanial (art. 5), en se référant expressément, pour le surplus, aux conditions générales énoncées dans l'arrêté ministériel du 3 août 1878.

Dès que les Directeurs ont reçu avis de la notification de la concession à la partie, ils font opérer les consignations nécessaires sur les sommiers du bureau et ils veillent à l'accomplissement des formalités d'enregistrement et de timbre (art. 7, § 2).

Révision des redevances. — L'article 11 trace la marche à suivre pour la révision. Trois mois avant l'échéance du terme fixé par l'arrêté d'autorisation, les Receveurs devront faire connaître aux Directeurs les concessions pour lesquelles il y a lieu d'y procéder.

Les Employés supérieurs tiendront la main à ce que cette prescription soit observée; ils tiendront compte, dans leur précis d'opérations, de la surveillance exercée par eux sur cette partie du service.

Mesures transitoires. — *Régularisation des concessions déjà accordées.* — Les règles ci-dessus rappelées sont communes aux occupations du domaine public maritime et à celles du domaine public terrestre.

En ce qui concerne ce dernier domaine, dont les conditions d'occupation sont aujourd'hui réglementées pour la première fois, l'article 14 de l'arrêté spécial organise des mesures transitoires en vue de régulariser les autorisations précédemment accordées. A cet effet, les relevés que les Ingénieurs ont à établir avant le 1ᵉʳ janvier 1879 seront, dès que l'Administration les aura reçus, communiqués aux Directeurs chargés de procéder immédiatement à la fixation des redevances et de régler les autres conditions financières de la concession. Les Directeurs ne perdront pas de vue que, ces redevances devant courir rétroactivement, à partir du 1ᵉʳ janvier 1879, il importe, pour prévenir toute réclamation de la part des intéressés, que la plus grande célérité soit apportée à l'instruction des affaires, à la notification du chiffre des redevances et à la mise en recouvrement des sommes exigibles.

Dispositions spéciales au Domaine public fluvial. — *Concours de l'Administration des Domaines.* — A l'égard des occupations des dépendances du Domaine public fluvial, les attributions conférées au service des contributions indirectes, notamment par le décret du 25 mars 1863, ont motivé l'adoption de dispositions particulières. L'Administration des Domaines n'est appelée à prendre part à l'instruction des demandes de concessions nouvelles et à la régularisation des concessions déjà existantes, que pour déterminer, d'après les distinctions et suivant le mode prévu par les art. 2, 3, § 6 et 4, les conditions financières de l'autorisation, en s'éclairant des renseignements fournis par les services des Ponts et Chaussées et des Contributions indirectes, ou de ceux que ses agents peuvent recueillir directement sur les lieux. Elle procède de la même manière à la révision des redevances que le service des Contributions indirectes doit provoquer en temps utile (art. 11). Il appartient donc aux Directeurs de réclamer, quand ils le croient opportun, le recours à l'adjudication publique; mais ils doivent rester étrangers à la réalisation des soumissions, au recouvrement des redevances et à la révocation des concessions pour inexécution des conditions financières (art. 3, § 6; art. 5 et 13, § 1ᵉʳ).

Exceptions concernant les droits et revenus des bacs, bateaux et canaux, produits et plantations des francs-bords, pêche, chasse, permissions d'usines et prises d'eau. — L'Administration croit devoir rappeler que la décision ministérielle du 8 juin 1874 (instruction n° 2499), à laquelle on a donné, dans la pratique, une portée plus large que celle qu'elle comportait réellement, n'a nullement modifié la compétence exclusive attribuée à l'Administration des Contributions indirectes par les lois et règlements en vigueur, en matière : 1° de droits et revenus des bacs, bateaux et canaux; 2° de produits de francs-bords et plantations de ces canaux; 3° de fermages des droits de pêche et de chasse dans les canaux, rivières canalisées, fleuves et rivières navigables ou flottables; 4° de permissions d'usines et de prises d'eau industrielles ou domestiques. Les agents du Domaine n'ont donc à intervenir en aucune façon dans les questions qui se rattachent à la fixation ou au recouvrement des recettes de cette nature, et le règlement du 3 août 1878, concernant uniquement les occupations temporaires proprement dites, n'y est point applicable.

Même en matière d'occupation temporaire de dépendances du

Domaine public fluvial, la fixation des redevances échappe à l'Administration des Domaines, lorsque ces occupations sont la conséquence de permissions d'usines ou de prises d'eau (art. 15).

L'exécution, en ce qui concerne le service des Contributions indirectes, des dispositions concertées entre les départements des Finances et des Travaux publics, fait l'objet d'instructions adressées, à la date de ce jour, aux agents de ce service (circul. n° 247).

Mise en vigueur des nouveaux règlements. — La procédure organisée par les nouveaux règlements du 3 août 1878 sera appliquée à toutes les demandes de concessions temporaires dont l'Administration n'aurait pas encore été saisie au jour de la réception de la présente instruction. Les affaires antérieurement communiquées par le Directeur général aux Directeurs seront instruites d'après le mode précédemment suivi.

LE CONSEILLER D'ÉTAT,

Directeur de l'Enregistrement, des Domaines et du Timbre,

Signé : **E. LEVAVASSEUR**

3577 — Paris. — Imp. Ve Éthiou-Péron, rue Damiette, 2 et 4.